Este libro es dedicado a mis hijos- Mikey, Kobe y Jojo.

Copyright © Grow Grit Press LLC. Todos los derechos reservados. Ninguna parte de este libro puede ser reproducida en ninguna forma sin el permiso por escrito de la editorial. Por favor, envíe solicitudes de pedido al por mayor a info@ninjalifehacks.tv Impreso y encuadernado en los Estados Unidos. NinjaLifeHacks.tv Paperback ISBN: 978-1-63731-510-1 Hardcover ISBN: 978-1-63731-511-8

La Ninja Comprensiva

Por Mary Nhin

A el Ninja Curioso no le gustó mucho.

Luego, fui a buscar a la Ninja de la Memoria que estaba pintando una imagen de un gran árbol que crecía al final de su patio.

La Ninja de la Memoria me miró, suspiró y luego empacó las pinturas.

¿Qué quieres decir con eso?

Toma este corazón de papel gigante. Ahora, piensa en cuántas veces dijiste algo desagradable hoy y arrúgalo por cada vez que dijiste algo sin apoyo.

Hmmm... Pensé en algunos de los momentos de mi día. Hoy hice tres comentarios sin apoyo, así que supongo que lo haré tres veces.

Ahora, trata de suavizar el corazón.

No puedo.

Así es. No se pueden sacar las arrugas. Este corazón arrugado representa cómo las cicatrices de las arrugas emocionales nunca desaparecen.

Los ninjas son como esponjas sensibles, absorbiendo todo lo que oímos sobre nosotros mismos. Así que cuando hablamos, debemos elegir palabras que construyan a otros.

Lo entiendo ahora. Gracias, Ninja Olvidadizo. Voy a volver a visitar a mis amigos hoy para disculparme y mostrar mi apoyo.

Primero, me disculpé con el Ninja Curioso. Mientras me explicaba en lo que estaba trabajando, comenzó a frustrarse sobre una parte. Fue entonces cuando le ofrecí mi apoyo...

Construir las sillas y la escalera era mucho más difícil de lo que esperaba. Nos estábamos frustrando.

Aunque algunas veces nos desanimamos, nunca renunciamos y continuamos apoyándonos mutuamente.

¡Y lo fue!

¡El recordar edificar a otros podría ser tu arma secreta en la construcción de tu superpoder de apoyo!